당신의 뜨락

윤재수 시집

당신의 뜨락

만인사

자 서

시詩는 어떤 힘으로 기쁨을 주는가?

기쁨은
꿈을 꾸는 사람의 것.

감사함으로
한걸음, 한걸음은
모든 당신께로 향합니다.

2022년 새해에

차 례

자 서 — 5

1. 노각이 열리는 시간

앵두꽃, 환한 — 13
엄마 만들기 — 14
옛날이야기 — 16
외딴곳 — 17
그때, 그 집 — 18
노각이 열리는 시간 — 19
웃음 가락 — 20
영원한 거시기 — 22
모시옷 — 23
새벽 일기 — 24
맨드라미 — 25
그늘 — 26
민들레 이야기 — 28

2. 시 쓰는 일

좁은 길 ——— 31

어떤 나라 ——— 32

십일월 이일, 그날 ——— 34

서릿가을 ——— 35

목어 이야기 ——— 36

수줍은 치자꽃처럼 ——— 37

해 질 녘 ——— 38

오두막집 이야기 ——— 39

안목 ——— 40

휴식 ——— 42

시 쓰는 일 ——— 44

차 례

3. 탈리타 쿰

가을에 — 47
가난한 마음 — 48
탈리타 쿰! — 50
하얀 찔레꽃 — 52
수술실 앞에서 — 54
포콜라레 — 55
까미노 — 56
패럴림픽 보치아 — 58
그런, 그런 그림자 — 60
꿈 — 62
어떤 형제를 하늘에 심고 — 64
어린양 — 66

4. 우리의 비밀은 있다

꽃구두처럼 — 71

연리목 — 72

풀서비스 — 73

빗물 가득한 손 — 74

골목길에 우리 비밀이 있다 — 76

어떤 남편 — 77

당신의 뜨락 — 78

엉엉 울었다 — 80

망각 — 81

옛 그림자 — 82

한낮 — 83

내가 사랑하는 동사 — 84

차 례

5. 한여름 낮의 꿈

초보 은퇴자 87
동그란 도마 88
나는 알지 못한다 90
탕자 아버지의 웃음 91
칠순날 92
종심에 대하여 93
장인어른 목소리 94
은퇴는 95
추분 96
아우성에 대하여 97
가을사랑 98
한여름 낮의 꿈 99

| 에필로그 |

새로운 언어를 찾아서 100

1

노각이 열리는 시간

앵두꽃, 환한

고향집 어귀에 놀이터가 있다 풀꽃 반찬 삼아 소꿉놀이할 때 큰 눈망울로 뚫어지게 쳐다보던 그 눈, 소꿉놀이 싫증 나면 앵두나무 뒤에 숨어 앵두 따먹고 앵두 건네면 부끄러워서 손등에 눈을 가리며 무궁화꽃이 피었습니다 무궁화꽃이 피었습니다 세월 흘러 앵두꽃 환한 그리움, 조금씩 누가 먹었는지 놀이터 한 뼘 가슴에 공터로 남아 있다

엄마 만들기

얼마나 많은 추억 뭉쳐야 엄마가 될까요?
추억은 뭉치면 뭉칠수록 무거워지는 내 마음

—많이 덥제?
—저녁 늦게까지 공부 잘 안되제?
—난닝구 벗고 퍼떡 이리 오너라!

우물가에
웃통 벗고 엎드리면
개구리 반가워서 펄쩍 뛰고
오동나무에서 시원한 매미 소리
방금 샤워 마친 훤한 보름달
내 등을 환하게 씻어준다

수박 화채 얼음보다
내 가슴이 벌! 벌! 벌! 더 떨리고

낡은 금성 선풍기 앞에서

난닝구 속에 커다란 젖이 드러난 엄마와 웃통 벗고 찍은 빛바랜 사진

활짝! 웃는다

무거워진 내 마음 조금, 조금씩
멀어지고 있다

옛날이야기

아침나절
바다에 간다

금물결 숨 죽이며
아무 일도 없는 듯 무심한 바다에서
나는 숨죽인 곳에 닻을 내리고

마음 넓어진 아내와 함께
퇴근길 마중 나와 산 생닭, 풋사과, 살구 한 봉지
뱃속 아이 운동시키며 증심사까지 저녁 산책
톨스토이의 질문처럼
지금, 지금 필요한 사람, 지금 선을 행하는 일에
허락을 청하는 잠자리 묵상기도

소꿉놀이 이야기 같은
가슴 환해지는 옛날 그 시절

외딴곳

이 끔찍한 고독 언제 끝날까?
고독에 파묻혀 지낸 시절이 있었다
—엄마, 외딴곳 며칠 쉬러 갑시다
—낯선, 외딴곳 외로워서 싫다
외딴곳 가려다가 머뭇머뭇
외로움 싫어하는 이유는 모르지만
—낯선 곳은 정 붙이기 어려워
지금처럼 평온하길 원하는 눈빛으로
나는 외딴곳으로 갔다
따라온 생각들
빠져나올 기운이 없어
허기진 눈이 싱긋 웃을 동안
기쁨도 천천히 미소를 띠우며
그냥 쉬어!라는 말이 낯선 동굴에서 들려왔다

여름날 더딘 땅거미처럼
동그란 쉼터가 되고,

그때, 그 집

그때 아버지는 새벽 기차 타고 꿈결같이 군위 고향집으로 떠났고 아들은 비행기 타고 여름 방학 휴가를 마이애미비치 하우스로 갔다 어머니는 실버타운에서 말없이 새벽을 기다리고 있었고 나는 남산동 집에서 명화극장 「쿠오바디스」 마지막 장면을 보고 있었다 코로나 사태로 조금 시끄러웠지만 새벽은 조용했고 세상은 완벽했다 모든 것이 평온한 것 같았다 미얀마에서는 군부 경찰이 미얀마 시민을 쏴 죽이고 무릎 꿇은 수녀는 진리와 사랑을 외치고 있었다 그때 딸은 범물동 아파트에서 모차르트 「레퀴엠」을 듣고 있었다 영화를 보면서 진실하게 사랑을 하면 행복하게 죽을 수도 있을 거라고 생각했다 그때 떠난다면 도착하는 것이고 어둠이 빛을 이길 수 없음을 느꼈다 뉴스에서는 광주에서 철거작업 중 건물이 시내버스를 덮쳐 아빠와 딸은 생사가 갈렸고 날씨는 미세먼지로 흐리고 바람은 잦아들고 있다고 했다 아무 일 없었다는 듯 새벽은 침묵 속에서 고요했다 어제와 똑같은 먼동이 모든 집들에 깃들고 있었다 그때 아내는 상주 가르멜 수녀원 피정의 집으로 향하고 있었다 사람들은 영원한 집으로 가야만 했고 거리에는 조객들이 돌아다니고 있었다

노각이 열리는 시간

노각 모종 언제쯤 꽃 피울까?
노랑과 시퍼런 색 사이
얼기설기 씁쓰름함이 퍼져간다

두 주일 지난 비 갠 아침
노란 덩굴 더미 작은 개구리 폴짝, 폴짝,
높이뛰기하며
여린 줄기에 앉아 숨는다
초록 이파리 오래 흔들린다
꼭꼭 숨어라 개구리 다리 보일라

아침 이슬 먹고
개골, 개골, 자장가 듣는 동안
그 새 덩굴손 이웃집 담장 걸치고
눈코입 달린 아기 오이 자고 있다

노각이 열리는 잠깐의 시간
지금, 늙어감을 배우며 늙고 있다

웃음 가락

웃으며
춤을 춰 보자
행복한 가락으로

고향 그리며 눈이 슬픈 암사슴,
일편단심 해바라기,
말없이 사라지는 기러기,
소리 없이 날고 있는 솔개,
십리도 못 가서 발병 나는 아리랑,
숨 넘어가는 휘모리,
한숨 쉬는 굿거리,
가락, 가락, 가락,

긴 머리 휘날리는 라일락꽃 가락으로

삼백예순 날 하늘에 별만큼
웃다가 춤추고 웃다가 춤추고

당신이 좋아서
바닷가 모래알처럼
밤낮 웃음 가락으로 웃는다

영원한 거시기

고향집 마당에는
짠내가 웃음을 터뜨리고 있었다
−야이 야! 말랐꼬 사 왔노?
잘 익은 털복숭아 하얀 속살에는
어머니 향기가 들어 있습니다
−잘 무르는데
−이렇게 마이 사 올랐거든
−인자는 오지 말고, 치아 뿌라!
온! 사방이 조용했습니다
고맙다!
한마디면 될 텐데
참! 거시기한 거시기이네요
힘든 세상
아끼며 살아가라!는 어머니 거시기이지요
절박한 삶이
세상의 시작이고 끝인
어머니!
영원히 거시기한 귀한 말씀입니다

모시옷

장롱 속 모시옷 살랑살랑 바람 오는 날 풀을 먹인다 시어머니 뇌수술 적막감에 산란한 마음 풀기 좋은 날 숭늉보다 걸쭉하게 마음처럼 뽀얀 풀 쑤어 덥힌다 곱게 접어서 곧게 펴 입 안에 생명수 뿜어 사랑 입힌다 깔깔하게 힘내라고 빳빳하게 기운 내라고 풀 먹인다

새벽 일기

지난여름
창문 끝 머물다간 빗방울
다시 만날 생각,
하늘나라 이사 간 친구에게
소곤소곤 부탁한 말,

가을 오면 외로워서 때까치에게
비밀편지 썼다가 지운,
꿈에서 풀어주실 때 새벽녘
때까치가 그리움처럼 찾아왔다네

아궁이에 불 지피며
봄이 오면 산에 들에 내 마음도 필까?
잿빛 연기 같은 미소만 가득 찼네

다른 새벽
늘 같은 그리움으로 찾아온다네

맨드라미

저 춤이 이상하다
손과 발끝 뒤꿈치 따라가는 시선
명치 끝 한가운데 예리하게 찌른다

영혼까지 뜨거운 여인
석류꽃 같은 정열과 심장을 녹일 전율이 좋았다

꽃밭 같은 조그만 무대
발놀림은 바닥에서 얼마만큼 설레며
손이 허공에서 얼마나 황홀할까

손뼉치기 추임새 넣어 마지막 치켜든 손
손끝에 닿았던 우리 집 맨드라미
담벼락에서 붉어지고 있었다

그늘

이거 알아요 엄마!
그늘은 시원함과 따듯함을 준다는 거

서늘한 오아시스가 새벽잠 들면
꿈에서 낙타가 여행으로 초대했어요
여행에서 매미 탄생 우화도 들었고
투명 도마뱀 지하 모래집 구경도 하고
눈처럼 흰 사막여우 전설을 보았어요
여우를 보니 문득 피렌체 옛 고향집
물레방아가 생각났어요

갑자기 창문이 열렸어요

엄마가 보고 싶어요
문득, 엄마 그늘이 그리워요
따듯한 품에 안겨서 첼로 이야기 들을래요
사르륵 붉은 물감을 푼 모래사막 만지고 싶어요
어린 왕자에게 반짝이는 베들레헴 별 보여주고

아낌없이 베푸는 밀라노 태양이 되고 싶어요
요술 망원경이
파랗고 빨간 주머니 두 개 던져 주네요
시원함과 따듯함이 손잡고
나란히 걸어오고 있어요

그늘이 된다는 거
이거 행복한 거예요
엄마!

민들레 이야기

사람이
사랑을 해야
사는 것이지

소민이와 내가
손에 손을 잡고
노란 대문으로 들어왔다

조용하던
민들레 국숫집
시끄러워졌다

2

시 쓰는 일

좁은 길

영원한 누님
모든 것
돛단배
편안한 이름
뼈 중의 뼈, 살 중의 살
비 오는 날 나에게 건넸던

좁은 길
들국화처럼
이제 '우리도 어른이 되자'며
슬그머니 껴안고
멋쩍은 얼굴로 웃던

사랑은 그때 피었다

어떤 나라

엄마
저것은 소예요. 염소
새끼들
염매 헤에, 염매 헤에
엄마 그리워 울면

귀뚜라미도
귀뚤귀뚤 따라 울고

가을 저녁
울음이 인기척을 내면
서로, 서로의 외로움 맞대고

부스럭, 부스럭
고개 내민 얼룩소
어제와 다르게
얼무 어, 얼무 어

다른 울음도
하나로 알아들을 수 있는
어떤 나라

십일월 이일, 그날

그날 새벽 새로 만들어진 요아킴 8-4-144* 묘지에 도착했다 아늑하고 따뜻했다 죽은 자를 위한 기도 마지막쯤 묘지 굽은 등을 보고 있으니 새로운 적막, 봄날은 간다 4절은 갔고 동면할 겨울이 오고 하늘에는 별똥별이 떨어지고 있었다 "와-보세요, 저 별, 똥 누러 가는 속도로, 아닌 게 아니라 정말 똥끝이 타는 속도로 별 하나가 이제 그리 급하게 자러 간 겁니다"** 바람소리처럼 별똥별은 자러 갔고 시인은 샛별이 되어 동쪽 하늘에서 반짝, 반짝이고 있었다 아침 위령미사 중에 그는 제자리, 좀 더 행복해졌는지 굿모닝! 그러며 활짝 웃고 있었다

* 군위 천주교 묘원에 있는 시인 문인수 묘지 번호, 시인의 세례명은 요아킴이다.

** 문인수 「별똥별」에서

서릿가을

기린은
히말라야를 등지고 있습니다

마음으로 본 것,
말하고 싶은 것,
처음부터
꿈속에 손으로 만져 본 것은

히말라야 기린입니다

수정의 먼 슬픔이
하얗게 물들어 갑니다

목어 이야기

푸른 하늘
지느러미가 노닐고 있습니다
그윽한 풍경소리
영원한 고향
바다를 그리워합니다
자비를 보고파합니다

고향이 그립고
사랑이 보고파
잠에 들지 않습니다
항상 깨어 있습니다

풍경소리
기적을 울리며
고향 찾아 떠나는 어머니의 세월

세월 안에 아무도 없는
그 신비에 눈을 떠고
깨어 생각하라 하십니다

수줍은 치자꽃처럼

마당 깊은 한옥 게스트하우스
해거름 녘
볕의 장대 끝
추억 한 자루 앉아 있었다

풋사과처럼 풋풋했던 휘파람
눈짓에 이끌려 손에 손 잡고
여우골 이야기 속삭였던 여름

선잠의 태양이 수줍게 떠오르고
유난히 길고 흰 청춘의 목
솜털 같은 귓불처럼
또, 다른 태양 숨기고

하얀 치자꽃 몽글몽글 아침이었다

해 질 녘

장미와
아카시아 향이
뭉게뭉게
시로 피어나는 계절
꽃이 마지막 향기를 품을 때
싱싱한 내 꿈이
해 질 녘 노을을 보며
함박웃음을 짓는다
꿈은 노을 안에서
해를 사랑하고 있는데
저만치 계절이 걸어가고 있다
머문 듯 바삐 가는 나그네처럼

오두막집 이야기

조용히 무릎 내리고 생각만 해도
손 잡고 먼동 쳐다보기만 해도
먼동에 단내음 오솔길 산책만 해도
산책길 꽃진 자리 아가 흰꽃 웃기만 해도
유난히 흰꽃 같은 당신 떠올리기만 해도
당신 입술 해맑은 햇살에 눈부시기만 해도
눈이 부셔 마음과 마음 이어 주기만 해도
저녁노을 연기 나는 굴뚝 바라보기만 해도
연기처럼 누군가의 이름 기억해주기만 해도
기억해주는 것 사랑으로 받아들이기만 해도
가만히 흔들어 오두막 한 채 앉히기만 해도
나는 설레이고 있다

안목

바다에 왔습니다

커피 거리 안목이 멋진 카페
—시원한 커피 뭐가 있어요?
—향이 시원한 블루마운틴 어떨까요?
블루마운틴 소리에
달빛 파아란 계곡에 잠자고 있을
브로드피크 김홍빈 대장 생각이 와락! 들어
허기진 갈증
블루문 맥주를 주문해버렸습니다

허연 낮달처럼 허공에 떠있는 구름
구름은 비녀 꽂은 쪽머리, 백색 치마저고리 입고
하얀 수건을 들고 살풀이춤을 춥니다
다른 구름이 다가와 움직일 듯 말 듯
어깨춤 맺고 풀며 그림을 그립니다

내 마음

알알히 멍울 박혀 퍼져 나갈 때
내 안에
눈물이 파랗게 번져갑니다
안목*에서 히말라야를 바라봅니다

* 강릉시 견소동에 있는 해변, 최근 커피 거리로 유명하다.

휴식

누에 한 마리
이천 미터 거리
마라톤 달린단다

하얀 수건으로
주체할 수 없는 땀 닦고
하루 종일 집 짓고
저녁밥 먹으러만 간단다

보름달 영창에 걸릴 때
예쁘게 꾸어온 꿈
새색시 하얀 살결 같은
비단을 담아 놓는단다

비단 같은 고은 나비야
천년 마음 내가 안 단다

산봉우리가 휴식에 들듯

꽃밭 한편에 좀 쉬어라
별도 쉬어 간단다
고통도 쉬어 간단다
지금 여기에서

시 쓰는 일

대학교 동창은 위브더제니스 69평 아파트 당첨되었다는데
옆집 부부는 5개국 지중해 크루즈 여행을 간다는데

시 쓰는 일 앞에서는 별거 아니지요
아무리 심각한 일도, 아무리 중요한 일도
힘 빼고 장난치듯이 쓰는 거래요

몸 활짝 펴고 날 안아주는 우산처럼
많이 읽고 무조건 써야 한대요

마음을 활짝 열고
찬찬히 살펴야 한대요

3

탈리타 쿰

가을에

흘러간다
이미 시작되었지만
아직 오지 않은 그리움

차지도 않고
뜨겁지도 않다
차든지 뜨겁든지 하면 좋으련만
미지근하니
입 속에서 뱉어 버리겠다

어머니가 마루에서 창문을 닦으신다
창문으로 스며드는 햇살
붉은 옷 입고 들어와 눕는다

오셨군요
작년에 말없이 떠났던 당신

가난한 마음

감나무 그늘에 누가 머물리이까?

몸 안으로 들어가 더럽힐 수 있는 것 하나도 없으며
오히려 밖에서 남루하게 보일 뿐
오래 되었으면서
새로운 아름다움이여

찾았습니다만,
안에도 있지 않으며
때때로 석류처럼 달콤한 단맛에 사로잡혀
멀리하였습니다

맛 보고
허기진 떫은 맛
떨떠름했지만 맹렬히 불타오릅니다

덜 먹고, 덜 입고, 덜 갖고
덜덜거리는 이 행복

감나무 그늘에
누가 머물리이까?
마라나 타!*

* 저희의 주님, 오십시오!

탈리타 쿰!*

두 팔로 목을 꼭 껴안고
아빠 등에 업힌 아이처럼
두 손으로 책가방 꼭 껴안아 잡은
열두 살 소녀

악마의 시기 질투로
무등산행 54번 시내버스에 죽음 들어와
책가방 위에서 놀고 있구나

가난과 슬픔은 멀리 서서 바라만 보고
철거와 재개발이 손뼉 치며
이별을 준비시키고 있구나

무관심에 그저 몸부림치다가
저벅저벅 걸어가는 새까만 얼굴
번개 같은 굉음이 생사를 갈라놓았구나

빛고을 서산에 노을이 고우니

이제 저녁 먹으러 가자
탈리타 쿰!

* 소녀야, 너에게 말한다 일어나라. 깨어나라.

하얀 찔레꽃

듣지 않았을 때도 들리지 않았을 때도
당신은 한결같이 말씀하셨습니다

고통 속에서
형제에게서
십자가에서
당신은 끊임없이 말씀하셨지만
들리지 않았고 듣지 않았습니다

성모당 언덕에서 어머니는
보물 같은 그 목소리 쓸어 모아
어디다 감추셨는지

마음이 산란하고 분열의 중심에 서서
절박함이 애가 타서
당신 목소리에 귀 기울일 때
비로소 하얀 찔레꽃 피었습니다

어머니가 모으신 순결한 그 목소리 닮아
당신 말씀처럼 살고 싶습니다

사랑이 내 목소리이며 당신 목소리인 것을
이제사 알겠습니다

수술실 앞에서

은행나무 수술날 용기를 주려고 노래를 준비했습니다 위안이 되는 '험한 세상 다리가 되어' 노래를 선택했습니다 음정 박자 놓치고 잘 부르지도 못했지만 그렇게 하고 싶었습니다

트로트, 가곡, 아리아도 아닌 낯선 팝송 노래라 흥 없이 또박또박 눈물이 그렁그렁 하면서 숨죽여 기도하듯 불렀습니다

녹음을 끝내고 카카오 톡으로 보낼 동안 잠시 침묵이 흘렀습니다 침묵도 함께 전송되었는지 내 마음이 평온해졌습니다 반짝반짝 기쁜 소식이 번쩍! 오려나 봅니다

포콜라레*

성모동굴 마리아 저 미소는 꽃이다 하얗게 핀 저 꽃은 잔잔한 미소 하나로 아들, 딸 하나로 묶어 놓았다 저 미소에는 온 우주가 일렁거린다 모든 마음에 위안을 꽃피우는 저 미소이야말로 세세대대로 수 천만년 동안 피어 있을 사랑 저 꽃 낳은 요아킴은 어쩌면 그분 뜻대로 고통을 살았을 것이다 저 꽃 기른 안나는 분명히 일치 이루며 순종을 살았을 것이다 동굴 속에 핀 꽃은 항상, 저를 다녀간사람의 마음속에 즉시, 사랑 내밀고 기쁘게, 미소 짓고 있을 것이다

* 벽난로의 이탈리아어

까미노*

서쪽으로
거슬러 가면
별빛 가득한 고향이 있으리라

잃어버린 그 영광
성당 종소리에 맞춰
너풀너풀 춤을 추고 있으리라

천년의 희망은
양귀비 붉은 마음만 있으리라

나는 그림자를 따라가
늑대가 있는 들판까지
계곡을 따라 물푸레나무 아치숲
손에 손을 잡고
마흔 번의 밤과 너와 나,
우리를 무겁게 하는 것들
버리고 떠날 수 없어

나는 그림자를 따라가리라

뚜벅뚜벅 영원을 향해
신라의 수막새 속 천년 미소를 품고
별빛 가득한 고향으로 가리라

* 스페인 갈리시아 지방 산티아고 데 콤포스텔라까지 800km 순례길

패럴림픽 보치아*

에파타!**
귀가 열리고, 사슴처럼 뛰고
풀린 혀가 환성을 지르고 있었다

연장전 다섯 번째 공
구슬치기 같은 파란 공, 빨간 공
한국이 홈통에서 표적구 쪽으로 바짝 붙게 만들어서
마지막 여섯 번째 공으로 방어를 준비했다
일본의 여섯 번 반격 모두 실패했을 때
금메달은 조용히 웃고

희망 없음에도 희망을 희망하는
보조 파트너 김한수 어머니
희미한 그림자 점점 밝게 빛날 때
정호원 선수 코치는 눈치코치도 없이
코가 우뚝 우뚝 솟고

에파타!

가슴이 열리고, 사랑 담고
그 사랑이 하나로 뭉쳐
더 굳세어지고,

* 홈통에서 표적구에 가까운 공의 점수를 합하여 승패를 겨루는 경기로, 뇌성마비 중증 장애인과 운동성 장애인이 참가할 수 있는 스포츠
** '열려라!'는 뜻이다.

그런, 그런 그림자

살다 보면 곱고 가녀린 손으로 피곤한 발 씻겨 주며 수줍게 웃던 가슴 찡한 시절이 있다 살다 보면 유행가 가사처럼 보랏빛 편지 받고 써내려간 빛바랜 일기장 아무 언어로는 말해질 수 없는 'i belong to you' 네 단어 가슴 찡한 추억이 있다

가을 햇살이 무거워
감나무 가지에 감이 툭! 떨어질 듯
어깨 축 처져서 풀 죽은 마음

내가 좋아하는
박하향 비누냄새 같은
수수차 우려내는 동안

가슴에 얼굴 박고
눈과 눈으로 포옹하는
해맑은 포만감

살다 보면 잊지 못할
그런, 그런, 그림자 있다

꿈

희망을 그리다가
내가 웃는다

암소와 곰이 나란히 풀 뜯고
표범이 새끼 염소와 함께 지내고
그 새끼들이 함께 춤추며
송아지는 친구 사자와 더불어 살쪄 가고
어린아이가 함께 웃는다

웃다가 웃고 웃다가 웃고
햇순이 돋아난다

웃음을 희망하다가
내가 웃는다

웃음이 울음과 두 손 잡고
내 그림자와 네 그림자 가볍게 포옹하고
피카소가 비틀스와 함께 노래하며

천당에서 지옥으로
우리 봄소풍 간다

웃다가 희망하고
웃다가 희망하고
새싹이 움튼다

어떤 형제를 하늘에 심고

그래도
항상, 깨어 준비하고
겸손하게 뚜벅뚜벅 살아 가자!

오전 7시 4분
꾹, 꾹! 눌러담아 서둘러 도시락 싸고
어느새 쑥쑥 쑥대밭 되어가는
칠곡공장에 쑥 뽑으러 갔다

느닷없이 배가 아파
수고로움이 내 몸속에서 있었다
시원하기보다 말로 설명할 수 없는 허기
더워 먹은 도시락은 허기를 밀어내고

집 주차장에 도착한 안도감
긴장이 풀려 텅 빈 차 안
좀 쉬었다가 가자
차창에 검은 그림자 어른거리며

엄마와 쑥수제비 먹던 꿈꾸며 멀어져 가는 손

저녁노을 속으로 푸드덕거리며 새가 날아갔다
오후 7시 4분이었다

조용한 세상에 말씀만 있었다

어린양

그날
자정의 암흑은
명확하게 짙어지고 있었다
하얀 머릿속 더 하얗게
잘못 꾼 꿈
성큼성큼 멀어져 가는 큰 왕발
아무 말도 무슨 말도
말없는 발이 천리 가듯
그냥 옆에 앉아만 있었다
나를 잊어도
너를 결코 잊지 않겠다는
절절한 엄마의 그림자
금모습 은모습 돌모습이 아닌
참모습에서
극락의 영이 오면
평온하길
처남 수술날
어린양을 발견하고

그 마음
하얀 모시 수건에 싸서
오피르의 청옥 쟁반에 담아
그 신비
당신께 드립니다

4

우리의 비밀은 있다

꽃구두처럼

앞산 왕굴 바위틈
보랏빛 제비꽃
후벼 파고 불쑥
거꾸로
꽃구두 신고 있어요

나도 그랬지요
야망을 위해
영광 위해
남루한 고통을 신고
당신 가슴에

연리목

심호흡 한번 하고
눈 크게 뜨면
내 마음은 활짝 열려요
뭉게뭉게 피어나는
당신 마음 같은
소나무를 그려요

당신은 푸른 소나무인 걸 알아요
내 마음이 당신 마음 둘레에
항상 함께 하고 있으면
푸르름에 젖다가
어느덧 푸른 소나무가 된다는 걸 느껴요

당신처럼
余松으로 불려지는 것도 알아요

풀서비스

풀기 없이
풀 죽은 당신
풀도 하루종일 못 먹은 듯
풀기 조차 없다

풋사과 처음 달린 날
풋풋하게 풀냄새 나는 당신
풋얼굴로 풋사랑 고백에
풋! 풋! 풋!

풀 죽은 당신 가슴
풀풀 용기 나라고
풀서비스해줄 게 하고
풀! 풀! 풀!

빗물 가득한 손

바람이다, 바람!
바람이다, 바람!

바람도 세월에 들어 있어 소리를 내는 것인지
모든 것이 바람이다!

오래전 가위로 잘린 과거들이
살아 있는 현재보다 행복하구나
아직 태어나지 않은 미래
이 둘보다 더 행복하지 않느냐?

노고와 바람 잡는 일로 가득한 두 손
빗물로 가득한 한 손이 낫지 않느냐?

바람이다, 바람!
세월은 비를 불러오고 아직 오지 않은 비는
지난여름 우리를 위로하지만
당신 없이

아무 소용이 없고
모든 것이 바람이다!

골목길에 우리 비밀이 있다

숨은 뜻이라도 있는 것처럼
안창마을 오동나무 살평상 밑
해거름 볕이 긴 장대에 걸쳐지면
꽃은 그늘에서 한숨 잔다
어디선가 맴맴 매미 소리
무언가 그리워질 때
당신의 여보를 찾아
어른 놀이를 준비하러 갔다
서늘한 바람이 골목으로 초대되었다
살평상 밑에서
여보! 당신! 소꿉놀이
해거름이
으슥한 한 뼘을 어루만질 때
비밀 터의 하루는 저물었다
골목길은 멋진 그늘을 가졌고
여보의 눈은 설레었다
비밀 터의 일이었다

어떤 남편

당신의 전투 상대는 고독이 아니라 세상을 떠다니는 헛된 음욕들입니다 유혹의 날에는 쾌락에 대항할 수 있도록 절제를 무기로 완전한 무장을 갖추세요 인내로 허리에 띠를 두르고 냉정의 갑옷을 입고 굳건히 서세요 발에는 순명을 위한 준비의 신을 신고 무엇보다도 순종의 방패를 잡으세요 어둠이 쏘는 유혹을 그 방패로 막아서 끌 수 있을 것입니다 그리고 미소의 투구를 받아 쓰고 행복의 칼을 받아 쥐세요 행복의 칼은 관심입니다 믿어 줄게요 해가 질 때까지 온당치 못한 것들을 굴복시키고 나에게 더 오래 기억되기를 열망하듯 말이죠

당신의 뜨락

흔들린다는 것은
살아 있는 것!

오락가락할 때
갈팡질팡한다는 것을 인식할 때
두 마음의 흔들림
나뭇가지 떨림처럼
생생함으로
깨어 있는 것!

천년도 어제 같고
마치 한 토막 밤과도 같듯
우물쭈물 야윈 소 눈으로
별똥별이 떨어지고

생각지도 않을 때
생이란 이런 게 아닌데!
생이란 그런 게 아닌가?

당신의 뜨락
그날과 그 시간 모르고 있으니,

엉엉 울었다

뜬금없는 통보에
당신 상담했던 병원을
한숨에 달려가며
각방자리 무슨 이유인지
각방자리 무슨 잘못 때문인지
다시는 이해하지 말고
다시는 사랑하지도 말자며
눈물을 삼키다가

편하게 주무시게 하려는
의사에게 전해 들은 당신 예쁜 마음에
이십 리 옛 길로
단숨에 뛰어왔다가

텅 빈 우리 집
내 서재 각방에서
서럽고 그리워서
엉엉 울었다

망각

물망초 꺾을 때
꿈속에서도 너와 마주 볼 수 없는 질량
매일 찾아오는 평범한 유혹
누가 문을 닫아
바다에 가둘 수 있을까요

나는 무기력하게
귀로만 거센 풍랑, 바람소리를 들었습니다
이제는 마음이 당신을 뵈었습니다
몸이 부끄러운 생각에
먼지와 잿더미에 앉아
울부짖습니다

매일매일 당신을 생각합니다

옛 그림자

앙상한 다리는 금세 부러질 것 같다
초점 흐린 회색빛 퀭한 눈망울
쳐다볼수록 애애하고 슬며시 서글퍼졌다
서글픈 마음 감추며 반가운 인사가
침묵 속 메아리 없이 다시 돌아올 때
침묵에도 기뻐하는 것 같아 미안하다
옛날 버릇처럼 빈 젖 두어 번 만져주면
기분 좋아지다 괜히 슬퍼지는 동안
—야이야, 와 이래 좋노?
—잔치집에 술 한 잔 먹고, 춤추고 노래하며 신명나게 놀아야지!
큰 아들 장가 날 버선발로 얼쑤 추시던 춤사위
그 옛날 그림자에게 갇혀버렸다

한낮

숲에서 몇몇 사람들 천천히 움직이고 있었다 갑자기 소나무에서 쓰름매미가 노래 시작했다 솔바람 타고 쓰름! 쓰름! 쓰름! 귀가 시원해지고 있었다 가까이 묘지 위에 나풀나풀 고운점박이푸른부전나비가 날고 있었다 얼굴에 묘지에서 부는 신비한 바람이 다가왔다 산 허리에 연속해서 떠있다가 사라지는 구름, 오로라처럼 내가 구름 속에서 춤을 추는 것 같았다 어디선가 화답하듯 다른 매미가 울었다 숲은 한가로이 졸고 팔월 휴가 첫날 한낮이었다

내가 사랑하는 동사

채워주소서
헤아리도록 가르치소서
얻으리다

돌아오소서
언제까지나 드러내소서
즐거워하리다

힘을 주소서
힘을 실어 주소서
기다리리다

안 된다, 해서는 안 된다 마시고
바라보시고 생각해주소서
가벼워지리다

5

한여름 낮의 꿈

초보 은퇴자

동성로를 걷고 있었다 한가로이 걷고 있었다 청춘들이 도로를 메우고 있었다 동성로 도로가 축구장처럼 크게 보였다 상점 쇼윈도 마네킹 조차 바쁘게 숨쉬며 별이 되고 있었다 더 젊은 청춘들은 화려한 대형빌딩에서 왔다 갔다 하고, 골목길로 걷는데 그림자는 옛길로 걷자고 했다 확성기에서 젊은 청년이 싱싱한 목소리로 코로나19 극복 긴급 구직신청을 외치고 있었다 골목길 입구에는 큰 쓰레기통이 있었고 옛길은 조용했다

동그란 도마

문득,
얼굴을 들여다보고 있다
어떻게 변했을까?
보름달 같은 얼굴을
거울이 찬찬히 살펴보고 있다

불규칙한 직각이 뭉그러지고
굴러가다 넘어지고 튕겨 나간
희미한 흔적들
움푹 파인 가운데
속살이 빨갛게 드러나고
반찬이 풍성해지는가 했더니
음식 맛이 깊어지는가 했더니
골 패인 주름이 사랑이었구나!

절절한 고통이
붉은 강낭콩보다 더 아릿하게 콩, 콩, 콩
보이나요?

동그란 얼굴 탁! 탁! 치면서
해바라기 닮아 가는 중이다

나는 알지 못한다

일개미 뒷등에 업힌
곧 죽을 것 같은 왕개미
검은 큰머리 겨우 꿈틀거린다

머리만 태산이며
몸과 다리는 티끌인 듯
입으로 물고 그네 타듯이 도착한
개미굴 소식
나는 알지 못한다

입을 오물오물거리면서
가다가 만난 친구에게 물어보고
먼길 가는 까닭이 무엇 때문인지
어느 담벼락 밑에서 무엇을 적고 있는지
나는 묻지 못한다

일개미 눈에 눈물만 가득하다

탕자 아버지의 웃음

아들이 돌아왔다
죽었던 아들이 돌아왔다
즐거운 잔치를 벌이자

힘껏 웃는 사람
겨우 웃는 사람
입만 웃는 사람
마음으로 웃는 사람
몸으로 웃는 사람

아버지는 여러 웃음을 다 웃었다
모든 세포들이 환호하듯
그렁그렁 울먹이면서 한참 웃었다

온 세상이 다르게 다가왔고
웃음은 그대로 그 자리에 있었다

칠순날

영롱한
일곱 색깔 무지개

조물주가 만든
예술작품

조물한 날 중에
오늘이 그날입니다

그 하루가
또, 저물어 갑니다

종심從心에 대하여

온화한 웃음과 따듯한 침묵 예순아홉 번째 겨울을 지켜 주셨습니다 모든 허물 덮어 주셨습니다 어린 마음 당신 품에서 저와 한 몸이 되었습니다

해와 달 성모님 닮아 저희 가정에 생명, 아들 딸에게 기쁨, 사랑 안에 희망, 그 자비 연년세세 대대로 미치게 하십시오

자애로우신 미소, 너그러우신 침묵, 남은 인생 좋은 것 주실 줄 믿습니다 아니 바른 마음 이끌어 주실 줄 믿습니다

장인어른 목소리

신발장에 우두커니 서 있는
雲谷이라 새겨진 긴 우산 하나
장인어른 만난 반가움
그리움을 걸치고 써보았지
장맛비 내리는 빗속
장인어른과 함께 걷고 있네

—윤 서방, 얼굴이 많이 수척해졌네
—은퇴하니 아주 먼 곳까지 흘러갔다 이제사 돌아온 '홀로서기'라 어렵제?
—이제, 드문 총총 여유 있게 살거라
—너거 장모, 호두 좋아하는 거 알제?

하늘에서 그 목소리
비를 타고 흐르네
내 마음에 젖어 흐르네

은퇴는

여행도 가고
공부하고

장구 가락에 춤추고
덩실덩실 얼쑤 신명
어깨도 절로 절로

설레면서 계획하고
알아가며 기뻐하는
여행은 꼬리가 빠질 듯한 추억을,
공부는 눈알이 튀어나올 듯한 즐거움을,

적막으로 외로울 테니 더 기쁘라고, 즐기라고,
보상인 참! 좋은 기쁨

추분

동산에 몇몇 사람들
바쁘게 움직이고 있다
갑자기 호박벌 한 마리
안녕! 공격적으로 인사하고
생의 마지막 안녕!
누렇게 익어 가고 있다

저 멀리 하늘에서
고추잠자리 이유 있게 날고
흘러가는 뭉게구름
구름 속에 내가 있는 것 같았다
벤치의자는 태양초 말릴 만큼 뜨겁고
잔디는 빳빳하게 어깨 세우고 있다

아우성에 대하여

지구는 속삭였지만 듣지 않았다 지구가 속삭여도 들으려고 귀를 기울이지도 않는다 저만치 무시하다가도 다시 내가 미워져서 바늘로 허공의 옆구리를 찔렀다 머리에 쥐가 나도록 많은 생각을 했다 혼란스러운 헛된 말을 생각했지만 마음은 더 산란했다 헛된 말이 없었으니 까만 밤 책상에 앉아 공해 오염 제초제 독극물 폐기물 기후변화 탄소배출 전쟁 기아 탐욕만을 탓했다 탓하다 말고 다시 생각을 했다 생각할수록 내가 더 미워졌다 다시 혼란스러웠지만 무수히 인내했다 속삭임이 나를 자꾸 책상 의자로 데려갔다 처벌하기 위해 태어나지 않았고 깨우치기 위해 태어났다 지구는 삶을 나누는 누이이며 두 팔 벌려 품어주는 아름다운 어머니라 했다

가을사랑

거역하지도 물러서지도 않는다
깊고 설레는 눈
휘날리는 긴 머리에게 뺨을 맡기며
마법에 걸린 듯
얼굴 가리지 않는다

먼 곳에서 오는 그리움
내 얼굴 차돌처럼 만든다
아무도 모르는 가을바람만이 알 뿐
태양에게 부끄러운 일이 아니니까

사뿐사뿐
걸어가리라
그리운 땅에서

한여름 낮의 꿈

바다낚시를 갔습니다 젊은 노인이 큰물고기와 사투를 벌이는 지도 모를 일이지요 갑자기 파도가 목을 감고 바다풀이 제 머리를 휘감았지요 산의 뿌리가 이빨을 드러내고 땅은 빗장을 내려 저를 가두려 하였습니다 당신을 기억하였습니다 사랑은 당신의 것이었지요 꾸벅, 졸다가 힘껏 빠져나오는 오후 사랑은 시퍼렇게 아직 살아 있었습니다

| 에필로그 |

새로운 언어를 찾아서

*

고등학교 시절, 유난히 흰 얼굴에 함박웃음을 잘 웃던 영애 누나에게 그날 전하지 못한 편지 한 통, 부활 전야 미사와 함께 진행된 세례식날, 하얀 도화지처럼 깨끗한 젊은 영혼을 축복하시던 할머니 수녀님의 잊고 있었던 말씀, 우연히 시詩 공부하면서 다시 새록새록 그림자로 나타나 시가 되고 그리움으로 찾아왔다. 이제 칠순 종심從心의 순간에 저녁노을 바라보며 다시 추억과 새로운 언어를 만나러 먼 길을 떠난다.

*

희망하는 것을 찾아다니는 과정이 인생이라면 시는 자기 자신에게 보내는 귀향이다. 주어진 위치에서 열심히 살면서 자기 울타리에 책임을 다 할 때, 가장 아름다웠지만 울고 웃으면서 지냈던 일들이 모두 기적임을 인식하지는 못하였다. 숲에서 벗어나야 자신을 발견할 수 있듯, 조용히 생각해보니 모든 일들이 은총이었으며 지금까지 살아온 그 기적이 앞으로 살아갈 또 다른 기적이 될 것 같다. 매일매일 감사하며 잘 살아야겠다는 다짐을 한다.

*

은퇴 후 좋은 것을 읽고 즐거운 것을 듣고 재미있는 것들에 도전해서 행복을 얻었다. 학습 계획표를 짜고 처음 배우는 시는 신세계였고 매일이 행복 자체였다 건강을 유지하면서 취미, 학습활동은 재미도 있지만 즐겁고 젊어지는 것 같아 멋졌다. 문학비평가 루이스 크로넨버거의 말처럼 종심의 세월 지금이 멋진 일을 하기에 가장 적절한 시간일 것 같다. 매년 멋지고 재미있는 일을 계획하고 실천하는 목표를 꼼꼼이 세워야겠다.

*

우리의 삶에는 지금껏 내가 알아 온 것 이상의 무언가가 있다는 생각이 든다. 마치 이 세상에 엄청난 양의 공기가 있는데도 내가 들어마시기를 거부한 것 같다. 이제 남은 삶은 그동안 거부하고 외면한, 그리고 깨닫지 못한 것을 위해 살아야겠다. 만일 그것이 시라면 영성 작가 조앤 치티스터의 "긴 삶을 산 사람들만이 누릴 수 있는 특별한 선물"이라는 말을 생각한다. 오래 발효를 거쳐 하얀 은쟁반 위에 어울리는 꽃향기 청주같은 시를 빚고 싶다.

*

죽는 순간까지 취미 활동과 꿈꾸며 계획했던 여행도 하고 항상, 즉시, 기쁘게, 그분께 일치하며 살아갈 것이다. 왜냐하면 삶이 아름답지 않으면 죽음도 아름답지 않을 것이다. 사람은 자신이 살아온 방식과 모습으로 죽음을 맞이할 것이고 삶은 죽음과 연결되어 있기에 오늘을 잘 살아낸다면 틀림없이 내일도 잘 맞이할 것이기 때문이다.

*

시는 아른거리는 아지랑이이고, 미처 말로는 표현하지 못한 흐느낌, 귓가에 맴돌다 가는 속삭임이며, 내가 사랑하는 이에게 전하는 고백이고, 기도이다. 그래서 부족한 습작이지만 큰 용기를 내어 시집 『당신의 뜨락』으로 인사한다.

항상 옆에 계셔서 고마운 어머니, 장모님. 그리고 보물 같은 데레사. 손자 두언과 승오, 손녀 소민과 소윤, 가족과 형제들의 무한한 사랑에 감사할 따름이다. 또한 나를 기억하는 친구들, 뼛속까지 웃자던 골소骨笑 동무들의 건강을 빌 뿐이다. 그분께 무한한 영광을…….

윤재수 시집
당신의 뜨락

초판 인쇄 2022년 1월 5일
초판 발행 2022년 1월 10일

지은이 / 윤 재 수
펴낸이 / 박 진 환

펴낸 곳 / 만인사
출판등록 / 1996년 4월 20일 제03-01-306호
주소 / 41960 대구광역시 중구 명륜로 116
전화 / (053)422-0550
팩스 / (053)426-9543
전자우편 / maninsa@hanmail.net
홈페이지 / www.maninsa.co.kr

ISBN 978-89-6349-166-0 03810

값 10,000원